ÉRECTION

D'UN

MONUMENT

AUX

Enfants de l'arrondissement de Beaune

Morts pendant la guerre

1870-71

Livre d'Honneur

BEAUNE

IMPRIMERIE ARTHUR BATAULT

1896

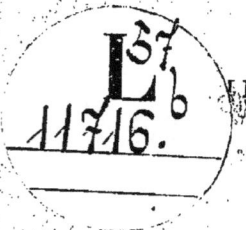

VILLE DE BEAUNE

ÉRECTION

D'UN

MONUMENT

AUX

Enfants de l'arrondissement de Beaune
Morts pendant la guerre
1870-71

Livre d'Honneur

BEAUNE

IMPRIMERIE ARTHUR BATAULT

1896

ÉRECTION D'UN MONUMENT

AUX

Enfants de l'arrondissement de Beaune

Morts pendant la guerre

1870-71

I

Le 8 novembre 1891, sur la patriotique initiative de MM. Beauvois, de Corberon et Robelin, de Serrigny, un groupe de citoyens, réunis à l'Hôtel de Ville de Beaune, conçut la pensée de conserver et d'honorer, par un monument durable, la mémoire des militaires de tous grades, originaires de l'arrondissement de Beaune, et des autres enrôlés ou engagés volontairement dans sa circonscription, qui sont morts sous le drapeau national, pendant la guerre de 1870-71, en France, en Algérie ou ailleurs, quels que soient les corps auxquels ils appartenaient, même la garde nationale sédentaire.

L'idée a été de commémorer toutes ces nobles victimes du devoir, et c'est dans ce but, éminemment patriotique, que s'est constituée l'*Association des Combattants de l'arrondissement de Beaune, en 1870 71*, qui prit l'initiative d'une souscription publique pour élever le cénotaphe sur une des places de la ville de Beaune.

Cette Association fut ouverte à tous les patriotes, sans distinction, ayant ou non servi pendant *l'année terrible*, aux parents, aux amis des soldats morts pour la défense de la patrie envahie, et qui désireraient leur rendre un hommage digne d'eux en transmettant leurs noms à la postérité.

L'association qui, dès sa fondation, s'était mise sous le patronage des pouvoirs publics et des corps élus, fut autorisée, conformément à ses statuts, par arrêté de M. le Préfet de la Côte-d'Or, en date du 16 janvier 1893.

Un bureau central, chargé de poursuivre l'exécution du projet, fut établi à Beaune. M. le colonel Barberet, officier de la Légion d'honneur, président, MM. Beauvois et David, vice-présidents, et Aubertin, secrétaire général, s'occupèrent plus particulièrement, avec les autres membres du bureau, d'organiser des comités locaux dans les chefs-lieux de cantons et les communes, en suite de conférences faites par messieurs les vice-présidents.

Après les démissions de MM. Barberet et Beauvois, M. David fut élu président et MM. Guilleminot et Hertzog, officiers en retraite, chevaliers de la Légion d'honneur, devinrent vice présidents.

L'Association décerna l'honorariat à MM. Barberet et Beauvois et nomma un troisième vice président M. le commandant Perrot, de Seurre, officier de la Légion d'honneur.

Les municipalités répondirent à l'appel que le bureau central leur adressa aussitôt après l'autorisation préfectorale, et en même temps des souscriptions particulières se produisirent.

La ville de Beaune, le Conseil général, les villes de Paris et de Lyon, les chefs-lieux de cantons et la plupart des communes, les Légionnaires du Rhône, les Mobiles de la Gironde, les Sociétés de la ville de Beaune, les cercles, les établissements financiers allouèrent des subventions.

Les habitants des villes et des campagnes s'inscrivirent en grand nombre sur les listes de souscriptions.

Enfin l'Etat promit une subvention qui ne sera pas inférieure au dixième de la dépense.

A tous ceux qui ont contribué ou collaboré à son œuvre l'Association se fait l'honneur d'adresser l'expression de ses plus sincères remerciements.

Le succès a couronné les efforts. Le résultat obtenu n'a

eu, à vrai dire, rien d'imprévu, car, dès les premières réunions, chacun avait compris combien il était utile et réconfortant de perpétuer le souvenir des enfants du pays victimes de la dernière guerre. A ce sujet M. Beauvois, vice-président, prononça, le 24 janvier 1894, une allocution dans laquelle il disait ;

« Le cénotaphe consacré à toutes les catégories de combattants : aux militaires de profession, comme aux volontaires et aux gardes nationaux ; aux officiers comme aux soldats; aux riches, qui ont déjà des tombes, comme aux pauvres, qui n'en auraient jamais si l'Association ne leur en donnait une ; aux victimes des grandes batailles, qui reposent, pêle-mêle et anonymes, dans des polyandres ou sous des monuments publics, comme aux morts obscurs, qui se sont éteints isolément sur un lit de souffrance, — ce cénotaphe symbolisera la fraternité qui unit tous les membres de l'armée, comme elle devrait unir tous les enfants d'une même nation !

« Puisse la génération actuelle léguer au moins à la suivante le symbole de ses sentiments patriotiques, des sacrifices qu'elle s'est imposés, des efforts qu'elle a faits pour défendre la France pendant la guerre et qu'elle continue de faire allégrement pendant la paix !

« *Le monument des victimes de la dernière guerre sera ce symbole !* »

Et, dans l'éloquente conférence qu'il fit au théâtre de Beaune le 12 juillet 1894, sous la présidence de M. Nancey, Sous-Préfet, et devant un auditoire très nombreux, M. le député Ricard ajoutait ;

« Si nous avons le droit d'être fiers de nos soldats, nous avons le devoir de conserver par une pierre plus durable que la vie si courte des hommes, les grandes actions, la belle mort des combattants, nos concitoyens, que nous avons perdus en cette année terrible, où la France elle même a failli périr. »

L'œuvre étant assurée, une commission artistique, composée de messieurs les ingénieurs, architectes, professeurs et artistes, fut désignée au mois d'avril dernier. Elle fit choix de *La Jeunesse*, de Chapu, pour être adaptée à la stèle sur laquelle sont gravés les noms des défunts.

M. Deschamps, architecte, adjoint au maire de la ville de Beaune, qui, dès le premier jour, s'était mis gracieusement à la disposition de l'Association, dressa les plans et fit tous ses efforts pour que le monument puisse être inauguré le 27 septembre 1896. L'Association lui adresse tous ses remerciements pour le zèle et l'activité qu'il n'a cessé de déployer, et ses félicitations les plus chaleureuses pour l'œuvre magnifique qui décore la place de l'Hôtel de Ville.

Le cénotaphe fut exécuté rapidement et avec un succès complet.

Sur un soubassement se dresse un piédestal en pierre de Comblanchien, surmonté d'une pyramide monolithe quadrangulaire de même pierre, couronnée par huit écussons sculptés aux armes des cantons, et un tore de laurier et de chêne avec chutes de rubans dans les quatre angles, le tout d'une hauteur de 6m50.

Sur la face principale : cartouche aux armes de Beaune, vase torchère, couronne en bas-relief, et dédicace aux enfants de l'arrondissement morts en 1870-71.

Les trois autres faces portent les noms des victimes de la guerre par cantons et communes.

Au devant, *La Jeunesse*, de Chapu, en bronze, à demi agenouillée, vient avec une expression saisissante de reconnaissance et de douleur, offrir à nos morts la palme des héros, et la déposer dans la couronne d'immortelles sur l'autel de la patrie.

La palme est dorée et à côté, dans la couronne, on lit ces mots : *Pro patria.*

Cette figure est la première reproduction, dans ses dimensions originales, de celle du monument élevé dans la cour du Mûrier, à l'École des beaux-arts de Paris, à la mémoire d'Henri Regnault et des autres Elèves de l'école tués pendant la guerre de 1870-71.

C'est la maison Barbedienne, de Paris, qui rendit exactement en bronze l'œuvre si belle du sculpteur Chapu, de l'Institut.

La pierre, tirée des carrières Lagny, de Comblanchien, a été taillée et sculptée sur place par les ouvriers de la carrière.

L'inauguration fut définitivement fixée au 27 septembre 1896.

L'Association des Combattants a terminé son œuvre. Elle est heureuse de remettre à l'administration municipale, en reconnaissance de son concours généreux et bienveillant, le monument dont la conservation est confiée au patriotisme de tous ses concitoyens.

Elle remercie particulièrement M. Nancey, Sous-Préfet, MM. Ricard et Carnot, députés, M. Magnin, vice-président du Sénat, l'édilité beaunoise, les municipalités des cantons et communes, les journaux de Beaune, Dijon et Lyon, les villes de Paris et Lyon et toutes les personnes qui ont patronné, encouragé l'œuvre du Monument des Combattants de 1870-71, et en ont facilité l'érection.

II

A nos Morts de 1870-71

Jeunesse que l'ardeur, que la gaîté française,
Au jour néfaste, au triste jour,
Enflammait l'arme au bras, le cœur tressaillant d'aise,
A Gravelotte, à Wissembourg,
A Forbach, à Sedan, au sanglant cimetière !
O vous, héros sans nom, pêle-mêle enfouis,
Vous méritez ces honneurs inouis,
O vaillants, dont les os gisent à la frontière.

Frontière, ce n'est pas en vain que les collines
Ont bu notre sang de Gaulois,
Un jour, s'il le fallait, sortir de nos ruines,
Tu nous verrais pour la seconde fois !
Dore, soleil du Rhin, nos saints pélerinages !
Si l'on nous appelait au fatal rendez-vous,
Nous irions puiser à genoux,
Sur la tombe des morts, les suprêmes courages.

O France, de tes morts sois orgueilleuse et fière.
Ce jour sanglant fut ton salut.
En voyant, sur ton sol, une horde guerrière,
Te traiter comme un vil rebut,
Faiblé, tu te sentis renaître à l'espérance
Et, vers de grands destins, reprenant ton essor
Voilà maintenant encor
Aux yeux du monde entier la forte et douce France.

Hardis Français, plus haut nos cœurs !
Toujours saignants de l'affreuse blessure,
Tous chefs, soldats, allons, marchons d'une autre allure,
En justiciers, en vengeurs.

A. DUMAS.

LISTE DES NOMS

DES

Enfants de l'arrondissement de Beaune

Morts pendant la guerre de 1870-71

Inscrits sur le Monument de Beaune

⚬⚬⚬⚬⚬

ANTONIN DE MANDAT GRANCEY, vicomte de Grancey, colonel des Mobiles de la Côte-d'Or.

Né le 28 mars 1831, M. de Grancey fut reçu en octobre 1847 à l'Ecole navale. Il fit partie de l'escadre de la Méditerranée que commandait l'amiral de Parseval et en 1850 il partit pour l'Espagne, sur le *Friedland*, en qualité d'officier. Promu aspirant de première classe, il navigua du mois d'avril 1852 jusqu'à la fin de l'année et se rendit en Grèce, avec son escadre, en avril 1853.

Un an après, il était enseigne de vaisseau à bord du *Valmy*, lors de la déclaration de guerre avec la Russie. Il fit brillamment la campagne de Crimée, comme officier d'ordonnance de l'amiral Hamelin et obtint, en décembre 1854, après s'être distingué au combat du 17 octobre précédent, d'être débarqué pour rejoindre au camp, devant Sébastopol, les batteries de la marine. Il fut nommé chevalier de la Légion d'honneur le 28 avril 1855. Pendant les trois cent seize jours du siège de Sébastopol il se conduisit avec une rare intelligence et se montra très résistant au feu.

Rentré en France au mois de décembre 1855, il fut rappelé à son port le 17 février 1856 et partit de Cherbourg pour l'Islande, sur la corvette l'*Artémise*. Au mois d'octobre suivant, il obtint un congé que l'amiral Rigault de Genouilly fit cesser un mois et demi après, en lui proposant de prendre part avec lui à l'expédition de Chine, ce qu'il accepta. Il s'embarqua le 4 février 1857 sur la *Némésis* et fut de ceux qui entrèrent. à l'assaut, dans Canton.

Nommé lieutenant de vaisseau le 29 mai 1858, il continua la campagne et ne rentra en France qu'en 1859, lorsque sa santé, gravement compromise par un climat meurtrier, l'y obligea.

M. de Grancey resta une année au milieu des siens. Attaché à l'escadre de la Méditerranée envoyée dans les eaux des Deux Siciles, il est appelé à Paris, en janvier 1861, pour y remplir les fonctions d'officier d'ordonnance du Ministre de la marine. Une alliance qu'il avait ardemment désirée et qu'il contracta le 14 janvier 1863 dut interrompre une carrière si bien commencée et si pleine de promesses.

Lorsque la garde nationale mobile fut créée, M. de Grancey vit dans cette institution le moyen de rendre de nouveaux services et s'offrit comme chef de bataillon dans sa circonscription. Immédiatement on le nomma et au mois d'août 1870 il forma le bataillon de Chatillon-sur-Seine, en déployant une rare activité. Le 10 septembre il entra à Paris à la tête de ses hommes et neuf jours après il était élu lieutenant-colonel du régiment de la Côte-d'Or, le 10e de marche.

C'est à partir de ce jour que les Mobiles de l'arrondissement de Beaune furent sous ses ordres, et c'est à ce titre qu'il figure en tête des Combattants de l'arrondissement de Beaune.

Le 23 septembre, son régiment partait pour les avant-postes et prit position sur la route d'Orléans, en face de Bagneux ; le 30, le bataillon de Beaune fut fort maltraité à Chevilly.

Le 13 octobre, M. de Grancey dirigea l'ensemble de l'opération, à Bagneux. La belle conduite des Mobiles de la Côte-d'Or, signalée déjà deux fois, le fut une troisième et M. de Grancey fut nommé, en récompense de ses services, colonel et officier de la Légion d'honneur.

Le 10ᵉ de marche, très éprouvé par les fatigues, rentra pour quelques jours dans Paris, mais bientôt il partit pour Colombes, Neuilly, Issy et de là dans les environs de Champigny.

On se battit le 30 novembre et le 1ᵉʳ décembre le village était occupé. A un certain moment ses hommes, poursuivis par l'ennemi, descendaient en désordre le coteau ; il se jette au milieu d'eux pour les rallier et les pousser en avant et, d'un mouvement rapide, il arrive aux premières lignes à cent pas de l'ennemi, entraînant bravement ses soldats, lorsque deux balles l'atteignirent successivement. « Je suis blessé », dit-il, et il s'affaissa sur lui-même. Quelques instants après il parla des Prussiens, de ses soldats et dit à M. l'abbé Gautrelet, aumônier du régiment, qui l'assistait; « Avons-nous repris nos positions »? Sur une réponse affirmative il ajouta d'une voix faible : « Ah ! Je suis bien heureux... bien heureux ». Ce fut tout.

Telle fut la fin glorieuse du brave colonel de Grancey.

Canton d'Arnay-le-Duc

Allerey

COQUEUGNIOT, Lazare. — Sergent de la Garde-mobile, blessé à Champigny, le 3 décembre 1870, mort à Paris le 12 du même mois.

NÉAULT, Claude. — Sergent-major au 13e de ligne, disparu à St-Privat le 16 août 1870.

Antigny-la-Ville

JARLAUD, Jean-Baptiste.— Disparu.

Arnay

GROSBOIS, Emile-Auguste. — Sergent au 32e de marche, tué le 6 octobre 1870 à Nonpatelize (Vosges).

LAVIOLETTE. — Sergent au 13e de ligne, mort des suites de blessures reçues sous Metz.

LÉGER, Sébastien. — Tué à Sedan.

NICOLLE, François.— Caporal au 13' de ligne, tué à Saint-Privat.

PACAULT, Ernest. — Lieutenant de Mobiles, tué à Champigny, le 2 décembre 1870.

ROGIER, Pierre-Marie. — Blessé à Saint-Privat, mort à Metz, des suites de ses blessures.

Jouey

LEBŒUF, Pierre.

MOINDROT, Jean-Baptiste.

TISSIER, Jean.

Tous trois Mobiles de la Côte-d'Or, décédés à Paris pendant le siège.

TARD, Jacques-Dominique. — (pas de renseignements).

Lacanche

BOULOGNE, François. — Garde-mobile, décédé à l'hôpital militaire du Sénat (Val-de-Grâce), le 23 janvier 1871.

MOINGEON, André. — Disparu après avoir été rejoindre à Orléans et avoir assisté au combat de Forbach.

THEVENOT, Jean. — Garde-mobile décédé le 24 novembre 1870 à l'hôpital temporaire de Bicêtre, commune de Gentilly.

Mimeure

CREUSVAUX, Claude. — Capitaine au 15e de ligne, décoré de la médaille d'Italie. Engagé volontaire au 15e de ligne le 7 septembre 1848, sous-lieutenant le 31 mai 1859, lieutenant le 23 janvier 1864, capitaine le 24 juillet 1870 ; tué d'un coup de feu à Saint-Privat, le 18 août 1870.

CREUSVAUX, Lazare, frère du précédent. — Lieutenant au 15e de ligne. Engagé volontaire au 15e de ligne, le 20 mars 1860, sous-lieutenant le 10 août 1868, lieutenant le 10 décembre 1870, décédé à Perpignan, le 23 août 1871 des suites de ses blessures et maladie contractée au blocus de Metz. Prisonnier de guerre à Metz, s'est évadé de Mayence et a rejoint le dépôt de son régiment à Perpignan où il est mort, peu de temps après sa rentrée au corps.

CUNISSET, Jean. — Soldat au 111e de ligne, décédé à Paris, le 2 février 1871.

DIOT, Jean. — Soldat au 1er régiment du train d'artillerie, décédé à Paris, le 2 mars 1871.

Saint-Pierre-en-Vaux

BÉLORGEY, Jean-Baptiste. — Soldat au 92e de ligne, mort à l'hôpital du Pharo, à Marseille, le 30 mai 1871.

DONNEAUX, Antoine. — Garde-mobile, mort à Paris, le 16 février 187[.]

Viévy

BERTHAUD, Jean. — Soldat au 4e régiment d'infanterie de marine, décédé à Mayence le 6 janvier 1871.

BLIN, Émiland. — Soldat au 42e de marche, décédé à Vuillafans (Doubs) le 7 février 1871.

DEQUINCEY, Étienne. — Mobilisé, décédé à Constantine le 11 janvier 1871.

Canton de Beaune-Nord

Auxey-le-Grand

BATTAULT, JEAN-BAPTISTE.—Mobile de la Côte-d'Or, ayant pris part aux combats de Chevilly, Bagneux et Champigny, rentra malade et mourut à Auxey, le 2 mai 1871.

ROCAULT, ANTOINE. — Soldat au 2ᵉ régiment de zouaves, à Oran (Algérie), décédé à Auxey, le 21 avril 1871, de maladie contractée pendant la campagne.

Bouze

JOLIOT, ANTOINE. — Chasseur à pied, disparu à Champigny, prétendu mort.

JOLIOT, CLAUDE, frère du précédent. — Mobile de la Côte-d'Or, mort à Paris pendant le siège.

Mavilly

POTHIER, JACQUES. — Mobilisé, décédé à Constantine (Algérie), le 25 janvier 1871.

SASSOT, FRANÇOIS. — Mobilisé, décédé à Constantine (Algérie), le 21 janvier 1871.

Meloisey

ARVIER, FRANÇOIS. — Mobile de la Côte-d'Or, décédé à Lagny (Seine-et-Marne), le 27 janvier 1871.

ARVIER, PIERRE. — Soldat au 78ᵉ régiment de marche, décédé le 27 mai 1871, à l'ambulance de la colonne de la Kabylie orientale, à Sétif (Algérie).

CARRÉ, PIERRE. — Caporal au 59ᵉ régiment de marche, décédé le 13 janvier 1871, à Arrou (Eure-et-Loir) des suites de blessures.

Meursault

DE BERLHE, JEAN-ALBERT. — Lieutenant au 75ᵉ de ligne, tué à Rezonville, le 16 août 1870.

BOUZEREAU, JEAN-BAPTISTE. — Mobilisé, décédé à Constantine (Algérie), le 30 novembre 1870.

CARLET, ALFRED — Soldat au 28ᵉ de ligne, décédé à Meursault, le 30 décembre 1870 des suites de blessures reçues à Sedan.

CONTET, EDMOND. — Soldat aux zouaves de la garde, décédé à Metz, le 11 septembre 1870.

FOURNIER, EUGÈNE. — Mobilisé, décédé à Constantine (Algérie), le 14 décembre 1870.

GUINOT, JEAN-BAPTISTE. — Mobile de la Côte-d'Or, décédé à Paris, le 26 décembre 1870.

MICHELOT, JEAN BAPTISTE. — Caporal au 12ᵉ de ligne, tué à Gravelotte, le 16 août 1870.

MONATIN, PHILIBERT. — Soldat au 2ᵉ régiment de zouaves, décédé à Avignon, le 20 septembre 1870.

REGNAULT, PIERRE. — Soldat au train d'artillerie, décédé à Paris, le 22 mars 1871.

Monthelie

MOINGEON, LOUIS. — Mobilisé, décédé à Constantine (Algérie), le 12 décembre 1870.

Pernand

BLANCHARD, FRANÇOIS. — Mobilisé, tué au combat de Es-Seroudj (Algérie), le 21 mars 1871.

Pommard

JOLLIOT, FRANÇOIS. — Soldat, engagé volontaire au 27ᵉ de ligne, a pris part au combat d'Orléans où il fut fait prisonnier ; il s'évada et fut renvoyé à son dépôt à Embrun où il mourut le 27 janvier 1871.

Savigny-les-Beaune

BILLARD, JEAN-BAPTISTE. — Mobile de la Côte-d'Or, décédé à Paris. le 6 novembre 1870.

BONNARD, Jacques. — Mobile de la Côte-d'Or. décédé à Ivry (Seine), le 28 janvier 1871.

CORCOL, André. — Mobile de la Côte-d'Or, décédé à Paris, le 19 janvier 1871.

VESOUX, Jean-Baptiste. — Soldat au 81ᵉ de ligne, décédé à Paris, le 10 décembre 1870.

Volnay

BOULEY, François. — Mobile de la Côte-d'Or, décédé à Paris, le 24 janvier 1871.

Canton de Beaune-Sud

Chevigny-en-Valière

MÉRY, Pierre-Jean-Baptiste. — Soldat rengagé au 100ᵉ de ligne, disparu au combat des Grandes et Petites Tappes. le 7 octobre 1870, armée du Rhin.

SIMARD, Didier. — Caporal aux Mobilisés, mort à Teniet el Haâd (Algérie), le 16 mars 1871.

Chorey

BOURGEOT, Claude-Philibert Emile. — Soldat au 2ᵉ régiment du train d'artillerie, avait fait son congé; rappelé en 1870 et enrôlé au corps de Mac-Mahon. fait prisonnier à Sedan, interné à Wesel (Allemagne), où il est décédé le 3 décembre 1870.

SIMERAY, Célestin. — Mobile de la Côte-d'Or. décédé à Lons-le-Saulnier (Jura), le 11 février 1871.

Corcelles-les-Arts

CARION François. — Soldat au 59ᵉ de ligne, décédé à Minden (Allemagne).

DUBREUIL, Louis. — Mobilisé, décédé à Bourges.

MAILLY, Jean-Baptiste. — Soldat au 1ᵉʳ régiment d'infanterie de marine, décédé à Mayence (Allemagne).

NOIZE, François. — Mobile de la Côte-d'Or, décédé à Paris pendant le siège.

OLIVIER, Joseph. — Mobile de la Côte-d'Or, décédé à Paris pendant le siège.

Le Vernois

REMY, Jean-Baptiste. — Mobilisé, décédé à Constantine (Algérie).

Meursanges

BIGOT, Louis-Jean-Baptiste. — Soldat au 1er régiment d'artillerie, décédé à Gien, le 12 décembre 1870.

COPPENET, Charles. — Soldat au 79e de ligne, décédé à Mouzon, le 30 août 1870.

MARTIN, Gaspard. — Mobile de la Côte-d'Or, décédé à Paris, le 2 décembre 1870.

Montagny-les-Beaune

FOSSARD, Paul-Achille. — Soldat, âgé de 17 ans, engagé volontaire au 67e de ligne, décédé à Montagny, le 30 décembre 1870 des suites des fatigues de la campagne.

Ruffey-les-Beaune

BOSSU, Claude. — Mobilisé, décédé à Teniet-el Haâd (Algérie), le 29 janvier 1871.

FOUTOT, François. — Soldat au 2e régiment du train d'artillerie, décédé à Besançon, le 9 janvier 1871.

LALLÉE, Victor. — Mobile de la Côte-d'Or, décédé à Paris le 25 novembre 1870.

PALLEGOIX, Jean-Baptiste.—Mobilisé, décédé à Milianah (Algérie), le 23 janvier 1871.

PERRIN, François. — Soldat au 34e de ligne, blessé à Reichshoffen, décédé à Haguenau, le 25 août 1870.

RIGAUD, Jean. — Soldat au 107e de ligne, rentré malade, décédé à Travoisy, commune de Ruffey, le 5 avril 1871.

Sainte-Marie-la-Blanche

BOIVIN, Pierre. — Soldat au 76e de ligne, décédé à Saint-Cyr, le 24 mars 1871.

ECARD, Théophile. — Mobile de la Côte-d'Or, blessé mortellement au combat de Montretout, le 19 janvier 1871.

PROST, Joseph. — Sergent au 32e de marche, décédé à Dijon, le 27 janvier 1871.

Serrigny-les-Beaune

BUREAU, Pierre. — Mobilisé, décédé à Teniet-el-Haâd (Algérie).

CAUZERET, Eugène. — Lieutenant au 2ᵉ régiment de voltigeurs de la garde, tué à l'ennemi, à l'attaque de la ferme des Petites Tappes, combat des Grandes et Petites Tappes, le 7 octobre 1870, armée du Rhin.

GOTILLOT, François. — Soldat de cavalerie, disparu.

SIMONNOT, François. — Soldat d'infanterie, disparu au combat d'Orléans.

Beaune Ville

ARNOUX, Pierre. — Soldat d'administration, décédé à Nevers, le 9 décembre 1870.

BAUZON, Emile. — Sergent instructeur au 23e de ligne, décédé à Toulon, le 15 janvier 1871.

BIZOUARD DE MONTILLE, Etienne-Marie. — Capitaine adjudant-major au 11e bataillon de chasseurs à pied, tombé, face à l'ennemi, frappé de deux coups de feu à la tête le 31 août 1870, au moment où il enlevait, à la tête de son bataillon, les positions de Servigny-les-Sainte-Barbe. Né à Beaune, le 5 décembre 1836, M. le capitaine de Montille entrait, en 1855, à l'Ecole spéciale militaire Saint-Cyr. Sous-lieutenant au 2e bataillon de chasseurs à pied le 1er octobre 1857, lieutenant au même bataillon le 6 novembre 1860, il fit, avec honneur et distinction, la campagne de Chine. Sa belle conduite et son entrain à la prise des forts de Bien-Hoa, en Cochinchine, lui valurent la décoration d'Isabelle la Catholique le 25 mars 1862. Le 13 août 1865, deux ans après sa rentrée en France, il fut nommé capitaine au 11e bataillon de chasseurs à pied, puis capitaine adjudant-major au même bataillon, alors en garnison à Metz. Il avait pris part à tous les grands combats qui se livrèrent sous les murs de Metz jusqu'au jour de sa mort glorieuse au champ d'honneur. M. le capitaine de Montille était un officier intelligent, instruit, laborieux, énergique, courageux et brave, donnant les plus belles espérances.

CHIQUELIN, ANTOINE. — Soldat au 13e de ligne, décédé à Montigny-les-Metz, le 15 décembre 1870.

CHAUSSON, FRANÇOIS. — Mobile de la Côte-d'Or, blessé le 30 septembre 1870, au combat de Chevilly, sous les murs de Paris, décédé à Paris, le 9 octobre suivant, des suites de ses blessures.

COMMEAU, FRANÇOIS. — Soldat au 56e de ligne, décédé à Vincennes, pendant la campagne.

COPPENET, ETIENNE. — Soldat au 2e régiment de zouaves, décédé à Dijon, le 9 février 1871, des suites de ses blessures.

GAGNEUR, PIERRE-ALFRED. — Lieutenant à la 2e compagnie du 1er bataillon des Mobiles de la Côte d'Or, décédé à Paris le 30 septembre 1870, par suite d'une balle reçue au combat de Chevilly, siège de Paris. Il avait été nommé chevalier de la Légion d'honneur pour sa belle conduite pendant le siège.

GRIZOT. — Deuxième conducteur à la 1re batterie mixte d'artillerie de marine, tué à Pont-Noyellee (Somme), le 23 décembre 1870.

GUYOT, HENRY. — Soldat au 12e bataillon de chasseurs à pied, décédé à Embrun, le 1er janvier 1871.

GUYOT, HENRI-DENIS. — Caporal d'infanterie de marine, décédé à la Seyne (Var), le 3 janvier 1871.

JUPIER, JEAN-BAPTISTE. — Mobile de la Côte-d'Or, décédé à Paris, le 26 janvier 1871.

MAUMENET, SIMON-EUGÈNE. — Mobile de la Côte-d'Or, tué au combat de Chevilly, le 30 septembre 1870.

MIMEUR, EMILE. — Soldat, engagé volontaire au 2e zouaves, rentré malade des fatigues de la campagne, décédé le 24 mars 1871, à Beaune.

PORROT, PIERRE-PAUL. — Ancien élève de l'Ecole de cavalerie de Saumur, maréchal des logis au 2e cuirassiers, décédé à Epinal, le 5 avril 1871.

REITHER, LUDOVIC. — Soldat engagé volontaire au 45e de ligne, décédé à Belfort, le 29 janvier 1871.

RONOT, Armand. — Soldat au 11e régiment d'artillerie, décédé, prisonnier de guerre à Largo (Allemagne).

ROUSSEAU, Jean-Baptiste. — Officier d'administration, décédé à Frétigny (Haute-Saône), le 12 janvier 1871. Soldat, caporal et sergent au 24e de ligne, il passa, le 3 mars 1863, à la section des commis aux écritures des bureaux de l'intendance militaire. Il se rengagea en 1866.

THEVENOT, Jules. — Soldat au 2e régiment de zouaves, décédé prisonnier de guerre à Leipzig (Saxe), le 28 décembre 1870.

THIBAULT, François. — Mobile de la Côte-d'Or, décédé à Paris, le 20 janvier 1871.

THIBERT, Antoine. — Sergent-major au 70e de ligne, blessé à la hanche gauche, le 18 août 1870. par un éclat d'obus à Saint-Privat, décédé le 24 du même mois à Pont à Mousson, des suites de sa blessure.

VAUTHELERET, Jules. — Mobilisé, décédé à Médéah (Algérie), pendant la campagne.

VEZIN, Germain. — Mobilisé, décédé à Médéah (Algérie), pendant la campagne.

VIDEAU, Henri. — Sous-intendant militaire, tué à la bataille de Sedan, le 1er septembre 1870, d'un coup de boulet en pleine poitrine. Né à Beaune, le 29 novembre 1819, élève à l'Ecole spéciale militaire de Saint-Cyr, le 15 novembre 1838, sous-lieutenant au 4e régiment de cuirassiers. le 1er octobre 1840, puis au 62e de ligne, élève à l'Ecole d'application d'Etat-major en 1841, lieutenant d'Etat-major, le 6 janvier 1843, il passe la même année au 24e de ligne, puis au 6e cuirassiers le 15 avril 1845; capitaine le 15 avril 1846, il est attaché en mars 1847 à l'Etat-major de la 8e division militaire, d'où il passe à la 2e en 1851. Peu après il est promu adjoint à l'intendance à Oran, à Bastia, à Ajaccio. Nommé sous-intendant militaire, le 27 mars 1858, il est envoyé à l'armée d'Italie en avril 1859. Rentré au mois d'août suivant, il remplit ses fonctions successivement à Châlons-sur-Marne et à Auxerre, puis fait partie de l'armée de Chalons, en août 1870. Il était chevalier de la Légion d'honneur du 8 septembre 1360 et officier du 10 septembre 1868. Entré en fonction à l'armée de Chalons le 13 août 1870, il est frappé mortellement et tombé glorieusement sur le champ de bataille le 1er septembre suivant, après avoir écrit à son épouse la lettre admirable dont voici la copie textuelle :

« Sedan, 1er septembre.

« Au milieu de la bataille, entouré par les Bava-
« rois, je t'adresse mes adieux.

« Les balles et les boulets qui m'épargnent
« depuis quatre heures ne m'épargneront plus
« longtemps. Adieu, ma femme bien aimée. J'es-
« père qu'une âme charitable te fera parvenir cet
« adieu.

« Je me suis comporté bravement, et je meurs
« pour n'avoir pas voulu abandonner nos blessés.

« Un baiser.

« HENRI VIDEAU. »

VOISIN, BERNARD. — Clairon au 2e bataillon de chasseurs à pied, blessé à Saint-Privat, le 18 août 1870, prisonnier de guerre, décédé à Dantzig (Allemagne), des suites de ses blessures.

Canton de Bligny-sur-Ouche

Auxan

MANIÈRE, Charles. — Soldat au 23ᵉ de ligne, prisonnier de guerre, mort à Coblentz (Allemagne), le 19 décembre 1870.

PORCHERET, Philibert. — Mobilisé, décédé à Orléansville (Algérie).

Bligny-sur-Ouche

CHOLLET, Jean. — Mobilisé, décédé à Médéah (Algérie), le 13 décembre 1870.

FOREY, Louis. — Mobilisé, décédé à Blidah (Algérie), le 1ᵉʳ décembre 1870.

GUILLAUMOT, Émiland. — Soldat au 12ᵉ bataillon de chasseurs à pied, décédé à Briançon (Hautes-Alpes), le 26 décembre 1870.

VIRELY, Claude. — Mobilisé, sergent-major, décédé à Orléansville (Algérie), le 15 janvier 1871.

Bessey-en-Chaume

LEBLANC, François. — Soldat au 70ᵉ de marche, décédé à Cherbourg, le 29 janvier 1871.

Chaudenay-le-Château

CHAVANSOT, Jean-Pierre. — Soldat au 32ᵉ de marche, disparu à la bataille de Nuits-Saint-Georges, le 18 décembre 1870.

VINARD, Simon-Victor. — Soldat au 11ᵉ bataillon de chasseurs à pied, blessé grièvement sous Metz, le 31 août 1870, décédé des suites de sa blessure.

Cussy-la-Colonne

GODILLOT, Auguste. — Mobilisé, décédé à Orléansville (Algérie), le 27 décembre 1870.

LARDET, Auguste. — Soldat au 3e régiment d'artillerie, décédé à Alger, le 25 janvier 1871.

Painblanc

BOGIER, Louis. — Mobilisé, décédé à Médéah (Algérie), le 4 décembre 1870.

FAGOTHEY, Jean-Baptiste. — Mobilisé, décédé à Orléansville, le 13 février 1871.

GUILLEMARD, François-Joseph. — Soldat d'artillerie, décédé à Paris, le 25 mars 1871.

Saussey

DIOT, Félix. — Mobilisé, disparu de Médéah (Algérie).

Vic-des-Prés

BOULÈRE, Jean-Baptiste. — Soldat au 13e de ligne, tué à Borny, le 14 août 1870.

Canton de Liernais

Brazey-en-Morvan

LAMOTTE, Pierre — Ancien militaire rappelé au service, soldat au 45e de ligne, tué par éclats d'obus, le 3 décembre 1870, à Belfort. Il avait fait la campagne d'Italie et servi en Algérie.

Censerey

DUCHARME, Claude.—Soldat aux dragons, fait prisonnier et interné à Wesel (Allemagne), où il mourut.

Diancey

MICHOT. Pierre. — Mobilisé, tué au combat d'Es-Seroudj (Algérie), le 21 mars 1871.

SAUVRY, Cassien. — Mobilisé décédé à Médéah (Algérie), le 23 janvier 1871.

SAUVRY, Jean-Marie. — Mobilisé, décédé à Médéah (Algérie), le 20 janvier 1871.

Liernais

GENOTTE, Bénigne.—Mobilisé, décédé à Aumale (Algérie), le 20 février 1871.

GERVAIS, Alexandre. — Mobilisé, décédé en Algérie.

PERNOT, Jacques.—Mobilisé, tué au combat d'Es-Seroudj (Algérie), le 21 mars 1871.

PERNOT, Victor. — Mobilisé, mort à Médéah (Algérie),

ROUSSEAU, Jean. — Mobile de la Côte-d'Or, décédé à Auxonne, le 2 décembre 1870.

Marcheseuil

DESCHAMPS, Pierre. — Caporal aux Mobilisés, tué à Es-Seroudj (Algérie), le 21 mars 1871.

DESSERTAUX, Antoine. — Mobilisé, décédé à Aumale (Algérie) le 2 mars 1871.

DESSERTAUX, Jean. — Soldat au 8e de ligne, fait prisonnier à la capitulation de Metz, s'est évadé, a rejoint son régiment à Périgueux, où il est décédé le 26 janvier 1871.

MOREAU, Pierre. — Mobile de la Côte-d'Or, décédé à Paris en février 1871.

Saint-Martin-de-la-Mer

DUREUIL, Nicolas. — Soldat au 15e de ligne, disparu le 18 août 1870 au combat d'Amanvillers.

JACOB, Antoine. — Soldat au 79e de ligne, prisonnier de guerre, décédé à Dantzig (Allemagne) le 25 avril 1871.

NÉAULT, René. — Soldat aux zouaves de la Garde, décédé prisonnier de guerre à Rostock (Allemagne) le 4 janvier 1871.

Sussey

BOIRIN, Pierre. — Mobile de la Côte d'Or, blessé à Champigny, décédé à Paris des suites de ses blessures.

BULLIER, Jacques. — Mobilisé, décédé à Constantine (Algérie).

GUENOT, Jacques. — Mobile de la Côte-d'Or, rentré malade et décédé à Sussey.

PERRIN, Jean. — Mobilisé, décédé à Mâcon en rentrant d'Algérie.

PICARD, Claude. — Mobile de la Côte-d'Or, décédé à Paris.

RONCIN, Jean. — Mobile de la Côte-d'Or, décédé à Paris.

Canton de Nolay

Baubigny

CHAVY, Louis.— Soldat, rentré malade du siège de Paris, décédé à Baubigny, le 18 mai 1871.

GUYARD, Pierre. — Engagé volontaire, prisonnier de guerre, mort en Allemagne.

PORCHERET, Théodule. - Mobile de la Côte-d'Or, décédé à Paris, pendant le siège.

Chassagne-Montrachet

ADAM, Pierre. — Soldat (pas de renseignements).

BENEY, Jean-Baptiste. — Décédé à Chassagne, en rentrant malade, le 1er juin 1871.

LERICHE, Pierre. — Pas de renseignements.

MALÉ, Adolphe. — Pas de renseignements.

PAQUELIN, Charles. — Mobilisé, mort en Algérie.

VILLARD, Etienne.— Lieutenant de mobilisés, tué à Fort-National (Algérie), le 16 juin 1871, à la porte d'Alger, à la tête d'une section de sortie qu'il avait demandé à commander en permutant avec le lieutenant Guillemot. Avant de quitter le fort, il donna ses instructions à ses hommes et leur dit qu'ils devaient plutôt mourir que de rester vivants aux mains des Arabes. Il les plaça en colonne serrée devant la porte d'Alger, puis les fit déployer en tirailleurs. Arrivé à la première tranchée de l'ennemi, le brave lieutenant Villard fut mortellement blessé. Sentant sa fin prochaine, il fit des adieux touchants à ses soldats qui l'entouraient, leur recommanda de défendre énergiquement le drapeau et la Patrie, et leur serra la main. Quatre d'entre eux l'emportèrent au fort où il expira en arrivant.

Cirey

COMPAIN CLAUDE. — Mobilisé, caporal, tué au combat d'Es-Seroudj (Algérie), le 21 mars 1871.

Cormot

BOULICAULT, PHILIBERT. — Soldat d'infanterie de marine, disparu à Sedan.

GRILLOT, EMILE. — Mobile de la Côte-d'Or, décédé à Neuilly, le 12 janvier 1871.

Corpeau

GIRARDET, PIERRE. — Mobile, décédé à Paris, pendant le siège.

GUICHARD, PIERRE-FRANÇOIS. — Mobile, décédé le 7 janvier 1871, à Beaune la-Rolande (Loiret), des suites de blessures reçues à la bataille livrée autour de cette localité.

Ivry-en-Montagne

BOULLEY. — Pas de renseignements.

BRETIN, EMILE. — Mobilisé, décédé le 18 janvier 1871, à Constantine (Algérie).

DEPOIL, BERNARD. — Mobile de la Côte-d'Or, décédé à Paris, le 13 janvier 1871.

MARTIN-DAVID, ETIENNE-JEAN-MARIE. — Capitaine adjudant-major de gendarmerie, blessé mortellement au combat de Beaugency, le 8 décembre 1870, décédé à Tavers (Loiret), le 11 du même mois. Engagé volontaire au 1er de ligne, le 17 février 1851, sous-lieutenant, le 31 octobre 1855, lieutenant le 12 août 1861, passe dans la garde de Paris, le 6 mai 1863, puis dans la compagnie de gendarmerie de la Haute-Savoie. Capitaine dans la compagnie de la Moselle, le 19 décembre 1868, puis dans celle de l'Isère le 3 juin 1869. Détaché en qualité de capitaine adjudant-major au régiment de gendarmerie de Bourges, le 19 décembre 1870, où il servait le jour de sa mort glorieuse.

NUGUET. — Pas de renseignements.

Larochepot

BOUZEREAU, EMILE. — Mobile de la Côte-dOr, décédé à Paris, le 23 janvier 1871.

MANLAY, JEAN-BAPTISTE. — Mobilisé, tué au combat d'Es-Seroudj (Algérie), le 21 mars 1871

NAUDIN, EDME. — Mobile de la Côte-d'Or, décédé à Ivry-sur-Seine, le 20 janvier 1871.

RICHARD, EMILAND. — Mobilisé, sergent, décédé à Médéah (Algérie), le 20 janvier 1871.

TAUPENOT, JEAN-Marie. — Soldat d'infanterie, décédé à Bicêtre, le 29 novembre 1870.

VIEILLARD, LOUIS. — Mobilisé, décédé à Médéah le 20 février 1871.

VOILLOT, JEAN. — (pas de renseignements).

Molinot

DESSERTEAU, CLAUDE. — Soldat au 15e de ligne, décédé à Neuendorf (Allemagne), le 7 décembre 1870.

POULLEAU, JEAN-BAPTISTE-GABRIEL. — Maréchal-des-logis au 5e d'artillerie, décédé le 15 décembre 1870, à Strasbourg, des suites de blessures reçues devant l'ennemi.

Nolay

BERNARD, JOSEPH. — Mobilisé, décédé à Médéah (Algérie) le 9 février 1871.

CHANGARNIER, LAZARE. — Mobilisé, tué au combat d'Es-Seroudj (Algérie) le 21 mars 1871.

COMPAIN, FRANÇOIS. — Mobilisé, décédé à Médéah.

DEMOUR, JEAN. — Franc-tireur de la Côte-d'Or, décédé à Gray le 18 janvier 1871. Exempté comme ayant un

frère scus les drapeaux, il s'engagea aux francs-
tireurs et devint caporal-fourrier.

DUBOIS, JEAN-MARIE. — Engagé volontaire au 9e d'artillerie, soldat, décédé au Mans le 11 mars 1871.

DUBOIS, HIPPOLYTE. — Engagé volontaire, sergent au 11e
de ligne, blessé d'une balle au côté gauche le 1er
septembre 1870 à Sedan, où il est décédé le 17 du
même mois.

DUCHEMIN, CLAUDE-FRANÇOIS. — Mobilisé de la Côte-d'Or, tué
au combat d'Es-Seroudj (Algérie), le 21 mars 1871.

GAGNARD, CLAUDE. — Soldat au 84e de ligne, décédé à St-
Amour (Jura), le 9 mars 1871.

MARILLIER, JEAN-BAPTISTE. — Soldat au 22e de ligne, disparu à la bataille de Sedan.

NICOLAS, CLAUDE. — Mobile de la Côte-d'Or, décédé à
Paris pendant le siège.

PINETTE, ERNEST. — Soldat au 11e de ligne, engagé volontaire, disparu le 30 août 1870 à la bataille qui se
livra devant Sedan, sur les hauteurs de Béaumont.

PINETTE, JEAN-IRÉNÉE. — Mobile de la Côte-d'Or, décédé à
Dijon le 10 septembre 1870.

ROSIER, PIERRE. — Soldat de la garde nationale parisienne,
décédé à Sceaux, le 4 juin 1871, des suites des fatigues du siège.

Puligny-Montrachet

DUPAQUIER, JOSEPH-PHILIBERT. — Mobile de la Côte-d'Or,
décédé à Paris, le 12 ou 13 novembre 1870.

MONNOT, JULES. — Soldat au 14e d'artillerie, décédé à
Toulouse le 3 décembre 1870.

TITARD, CLAUDE-JOSEPH dit ALFRED. — Mobile de la Côte-
d'Or, a pris part au combat de Pesmes. Rentré
malade, est décédé à Puligny le 13 août 1871 des
suites de la campagne.

Saint-Aubin

FORNEROT, PIERRE. — Mobilisé, décédé à Tizi-Ouzou
(Algérie) fin février 1871.

VACLE, Jean. — Soldat au 2e régiment du train d'artillerie, entré en Suisse le 1er février 1871, interné à Lentzburg, canton d'Argovie, décédé à Aarau (Argovie) le 17 avril 1871.

Saint-Romain

BESSET, François. — Engagé volontaire au 2e zouaves, fait prisonnier, décédé à Magdebourg (Allemagne).

GARNIER, Jean-Marie. — Soldat au 24e de ligne, où il avait été rappelé, tué à la bataille de Bapaume.

LAPLANCHE, Daniel. — Mobilisé, décédé à Constantine (Algérie),le 15 janvier 1871.

Santenay

BARDET, Louis. — Mobile de la Côte d'Or, décédé à Paris le 29 janvier 1871.

COCHET, Claude-Jacques. — Soldat tué sous Orléans.

DELONGUY, Claude — Sergent au 13e de ligne, blessé à Gravelotte,le 18 août 1870, décédé le 7 mars 1871,à Carlsruhe (grand duché de Bade),des suites d'une balle reçue au genou.

PARIAT, Alexandre. — Mobile de la Côte-d'Or, décédé à Paris le 12 janvier 1871.

PICHARD, François. — Mobile de la Côte-d'Or, décédé à Paris le 6 janvier 1871.

Santosse

GUILLEMAIN, Jean-Baptiste. — Mobile de la Côte-d'Or, décédé à Paris,le 20 janvier 1871.

MATHELIE, Jean-Baptiste. — Mobile de la Côte-d'Or, décédé à Angoulême le 22 avril 1871.

MENEY, Emiland.—Garde-champêtre, tué par les Prussiens à Cussy-la-Colonne,le 14 février 1871

MENEY, François. — Soldat au 23e de ligne, décédé à Marseille.

POULLEAU, François. — Mobilisé de Saône-et-Loire, décédé à Autun, le 16 février 1871 des suites de ses blessures.

Canton de Nuits-Saint-Georges

Arcenant

TRAPET, ÉTIENNE. — Mobile de la Côte-d'Or, décédé à Paris, pendant le siège.

Argilly

BELOT, JOSEPH. — Mobilisé, décédé à Fort-National (Algérie), pendant le siège.

NAJOLLET, JOSEPH. — Soldat de l'armée active, décédé à Marseille.

PASSEMART, CLAUDE. — Soldat de l'armée active, décédé à Marseille.

SOUCELIER, AUGUSTE. — Soldat de l'armée active, tué à Sedan.

VUILLEMOT, FRANÇOIS-EUGÈNE. — Mobilisé, sergent, décédé le 22 avril 1871, à Fort-National (Algérie), d'une blessure au bras et au côté gauche.

Boncourt-le-Bois

FOURNIER, PIERRE. — Mobilisé, tué à Es-Seroudj (Algérie), le 21 mars 1871.

QUILLARDET, AUGUSTE. — Infirmier, décédé à Dijon, pendant la campagne.

Il est bon d'inscrire DROUHIN, FRANÇOIS. vieillard, non militaire, assassiné par les Prussiens, à la Berchère, en revenant de Nuits, le 21 février 1871.

Chaux

RAGE, JEAN-BAPTISTE. — Soldat au 1er régiment du train d'artillerie, décédé à Niort (Deux Sèvres), le 12 décembre 1870.

Comblanchien

FINET, Vivant. — Soldat au 78e de ligne, décédé à Besançon, le 22 novembre 1870.

LEBLANC, Claude, — Mobile de la Côte-d'Or, décédé à Paris, le 18 janvier 1871.

Concœur

CHAMSON, François. — Mobile de la Côte-d'Or, décédé à Paris, pendant le siège.

CHARLES, Paul.—Caporal à la garde nationale sédentaire, tué comme éclaireur, le 18 décembre 1870. Il conduisait les Mobiles de la Gironde; blessé, il fut placé derrière un buisson; la colonne prussienne l'apercevant avec son képi de garde national, il fut tué à bout portant; son corps portait 12 blessures.

Corgoloin

PETITOT, Pierre. — Mobilisé, décédé à Fort-National (Algérie), pendant le siège.

Echevronne

BONNE, François. — Mobile de la Côte-d'Or, blessé d'une balle à la tête, à Paris; rentré malade et décédé des suites de sa blessure, le projectile n'ayant pu être extrait.

MIDONNET, Claude.— Soldat d'infanterie, décédé pendant la campagne, à Grenoble.

VIOLOTTE, Denis. — Mobilisé, décédé à Constantine (Algérie).

Gilly-les-Vougeot

FROMENTIN, Nicolas.—Mobilisé, tué à Es-Seroudj (Algérie), le 21 mars 1871.

Gerland

BOURRELIER, Pierre. — Pas de renseignements.

CLÉMENCE, Jean-Baptiste. — Décédé à Toulon, le 8 décembre 1870.

LAGRANGE, François. — Pas de renseignements.

RENARD, Philibert. — Prisonnier en Allemagne, décédé
à Nuits en rentrant.

Meuilley

MASSON, François. — Soldat au 43e de ligne, rentré malade, décédé à Meuilley, le 21 juin 1871 des suites
de maladie contractée pendant la campagne.

RODIER, Jean-Baptiste. — Soldat au 38e de ligne, décédé
à Cherbourg le 7 avril 1871.

Nuits-Saint-Georges

BUFFENOIR, Jacques.

CELOGNY, Marcel.

LORANCHET, Claude.

LORANCHET, Philibert, frère du précédent.

MOILLARD, Symphorien.

MOPPERT, Paul-Ernest.

Tous mobilisés, tués à Es-Seroudj (Algérie) le 21 mars 1871.

Saint-Bernard

CHOQUIER, François. — Mobile de la Côte d'Or, décédé à
Paris le 25 février 1871.

COCUSSE, Claude. — Soldat d'administration, décédé à
Langres le 6 décembre 1870.

Villars-Fontaine

REY, Vincent. — Mobile de la Côte d'Or, décédé à Paris le
22 janvier 1871.

Villebichot

DE SAINT-RAPT, Pierre-François. — Soldat au 11e d'artillerie, décédé le 23 septembre 1870, des suites d'une
blessure reçue à Sedan.

NOLIN, François. — Soldat au 3e zouaves, décédé le 18 août 1870, des suites d'une blessure reçue à la bataille de Reischoffen.

RADAMEL, Jacques. — Soldat d'infanterie de marine, tué à Sedan.

Villy-le-Moutier

RÉMONDET, Pierre. — Mobile de la Côte-d'Or, décédé à Gentilly le 23 décembre 1870.

Vosne-Romanée

TISSERANDOT, Émile. — Soldat au 3e chasseurs à cheval, décédé à Tarbes le 29 octobre 1870.

Canton de Pouilly-en-Auxois

Beurey-Beauguay

FINOT, Martin. — Mobilisé, décédé à Constantine, le 2 janvier 1871.

RIPART, Jean. — Soldat au 12e d'artillerie, décédé en février ou mars 1871, à Rostock, duché de Mecklembourg, où il était prisonnier.

Chailly

BOUGENOT, Jean-Baptiste-Lazare. — REGNAULT, Jean-Baptiste, dit Louis. — REGNIER, Antoine. — Pas de renseignements.

Chatellenot

BARBERET, Lazare. — Tué à Sedan.

PERROT, Louis.—Soldat au 81e de ligne, décédé à Bicêtre, le 8 janvier 1871; fait prisonnier à Sedan; il s'était évadé.

Chazilly

GUILLEMARD, Pierre. — Garde national sédentaire, réquisitionné par les Allemands, blessé au combat de Châteauneuf (Côte-d'Or), décédé des suites de sa blessure, le 2 décembre 1870.

SIMON, Nicolas.—Soldat au 8e de ligne, décédé à Felkemberg (Allemagne), où il était prisonnier, le 16 octobre 1871.

Commarin

TAINTURIER, Alexis. — Mobile de la Côte-d'Or, décédé à Paris, le 31 décembre 1870.

Créancey

ROBERT, Jean-Baptiste. — Mobile de la Côte-d'Or, décédé à Paris, le 14 janvier 1871.

Maconge

LECOMTE, Jean-Marie. — Soldat au 2ᵉ régiment de la garde impériale, blessé à la bataille de Gravelotte, décédé à Metz, des suites de ses blessures, le 3 septembre 1870.

LUCOTTE, Pierre. — Mobile de la Côte-d'Or, tué à la bataille de Champigny, le 30 novembre 1870.

Marcilly-Ogny

CHATENET, Pierre-Edme-Eugène. — Engagé volontaire, mort à Paris, pendant le siège.

DESSERTEAU, Louis. — Soldat au 23ᵉ de ligne, blessé à Paris, où il est décédé le 20 juin 1871.

FINOT, François. — Mobile de la Côte-d'Or, décédé à Paris, le 15 décembre 1870.

FINOT, René, frère du précédent. — Soldat à la 11ᵉ section d'administration, décédé à Dellys (Algérie), le 29 mai 1871.

MILLANVOIE, Jean-Baptiste. — Sergent, mobilisé, décédé à Milianah (Algérie), le 8 janvier 1871.

MUSSET, François. — Mobilisé, décédé à Milianah, le 30 janvier 1871.

PIERRE, Pierre. — Mobilisé, blessé très grièvement à la tête en enlevant un drapeau au combat d'Es-Se-roudj, le 21 mars 1871 ; ramené à Aumale, il y mourut le 8 juillet suivant des suites de sa blessure, le jour même où lui parvenait la médaille militaire.

POILLOT, René. — Mobilisé, décédé à Milianah le 12 janvier 1871.

RICHARD, Claude. — Mobile de la Côte-d'Or, tué à Champigny le 30 novembre 1870.

RICHARD, Louis-Martin. — Frère du précédent, ancien soldat rappelé au 32ᵉ de ligne, disparu au combat de la Burgonce (Vosges).

Martrois

BERTRAND, Thomas. — Mobilisé , décédé à Tizi-Ouzou (Algérie), le 6 juillet 1871 par suite de blessure.

MUGNIOT, Claude. — Mobilisé, décédé à Alger le 21 novembre 1870.

NESLE, Joseph. — Soldat au 13ᵉ de ligne, décédé à Metz le 5 septembre 1870 des suites de ses blessures.

Meilly

DUBUET, Victor-Pierre. — Décédé le 28 février 1871.

VINCENT, Louis. — Décédé le 30 août 1870.

VINCENT, Marc. — Décédé le 22 janvier 1871.

Missery

BROSSARD, Louis. — Mobile de la Côte-d-Or, décédé à Paris le 14 février 1871.

Pouilly

DELESTANG. Jean. — Mobilisé, décédé à Constantine le 15 décembre 1870.

GROS, Claude. — Capitaine au 3ᵉ régiment de zouaves, tué à Freschwiller le 6 août 1870.

PICARD, Bernard. — Mobile de la Côte-d'Or, décédé à Paris en mars 1871.

PIN, Charles. — Soldat au 51ᵉ de ligne, blessé à Gravelotte le 12 août 1870, décédé des suites de ses blessures, à Gravelotte, le 17 du même mois.

POISOT, Jean-Marie. — Tambour au 76ᵉ de ligne, disparu le 6 août 1870, après Forbach, à Styring-Wendel.

VERPEAU, Louis. — Brigadier, premier pointeur d'artillerie de marine, tué à Nogent-le-Rotrou le 28 janvier 1871.

Rouvres

CHAMPY, Antoine. — Décédé le 7 décembre 1870.

Sainte-Sabine

DEROYE, Jean-Baptiste. — Mobilisé, décédé le 1er avril 1871 à Milianah (Algérie).

RENAUD, Claude. — Capitaine au 13e de ligne, blessé mortellement à la bataille de Borny et décédé à l'ambulance.

Semarey

GROSELIER, Auguste. — Mobile de la Côte-d'Or, décédé à Paris le 24 janvier 1871.

Thoisy-le-Désert

CORBIER, Claude. — Mobilisé, tué par un coup de feu, avec fracture du crâne, le 3 mai 1871, à Tizi-Ouzou (Algérie).

POUSSIF, Jean. — Soldat au 35e de ligne, décédé à Paris le 16 décembre 1870, par suite de ses blessures.

Canton de Saint-Jean-de-Losne

Brazey-en-Plaine

BONNEFOI, Adolphe. — Mobilisé, décédé à Médéah (Algérie), le 17 janvier 1871.

BOUCHU, Hector. — Lieutenant au 28e de ligne, tué d'une balle au front, le 18 août 1870, à Saint-Privat, en retirant le drapeau des mains du porte-drapeau, tué à l'ennemi.

COLAS, Etienne. — Franc-tireur, tué à Paris.

FRANÇOIS, Pierre. — Caporal aux Mobiles de la Côte-d'Or, décédé à Paris, le 28 janvier 1871.

VACHET, Louis. — Soldat au 79e de ligne, décédé à Chaville (Seine-et-Oise), le 28 mai 1871, des suites de ses blessures.

Charrey

CONTET, Pierre. — Mobilisé, décédé à Médéah (Algérie), le 23 janvier 1871.

LECHAINE, Pierre. — Mobile de la Côte-d'Or, décédé à Paris, pendant le siège.

MAUCHAUSSÉ, Bénigne. — Mobile de la Côte-d'Or, décédé à Paris, pendant le siège.

Echenon

BERNIER, Pierre. — Mobile de la Côte-d'Or, décédé à Paris pendant le siège.

CARRÉ, Auguste. — Mobile de la Côte-d'Or, décédé à Paris, pendant le siège.

PERRIN, Paul. — Soldat au 23e de ligne, décédé à Toulon.

Esbarres

BOUHIN, Henri.— Soldat au 190ᵉ bataillon de marche, tué
à Buzenval, le 19 janvier 1871.

FRIZOT, Jean-Claude.—Soldat au 1ᵉʳ régiment d'artillerie,
tué à Saint-Privat, le 18 août 1870.

GORIOT, Benjamin. — Soldat au 13ᵉ de ligne, décédé prisonnier en Allemagne.

JEANNIN, Hippolyte. — Soldat au 11ᵉ bataillon de chasseurs à pied, tué le 31 août 1870, à la bataille de
Servigny-les-Sainte-Barbe, sous Metz.

MARLIEN, Claude. — Mobile de la Côte-d'Or, décédé à
Issy, près Paris, le 14 janvier 1871.

RAGONDET, Victor. — Sergent au 77ᵉ de ligne, tué le 4
août 1870, à Wissembourg.

Franxault

GILLOT, Eugène. — Soldat au 89ᵉ de ligne, disparu à la
bataille de Sedan.

Laperrière

BILLIOT, Jacques. — RIGEY, Eugène. — Pas de renseignements.

VAUCHEY, François — Soldat au 12ᵉ bataillon de chasseurs à pied, tué le 16 août 1870, à la bataille de
Gravelotte.

Losne

BOUCHARD, Jean-Baptiste. — Soldat au 4ᵉ régiment d'infanterie de marine, rentré malade, décédé à Mai-
son-Dieu le 17 mars 1871.

BRENOT, Jean.— Mobile de la Côte-d'Or, disparu pendant
le siège de Paris.

DONZEAU, Jean. — Mobilisé, décédé à Constantine le 31
décembre 1870.

LÉCRIVAIN, Pierre. — Mobilisé, décédé à Constantine le
24 décembre 1870.

LÉVÊQUE, Pierre. — Franc-tireur, décédé à Sᵗ-Hippolyte
le 25 janvier 1871.

Saint-Jean-de-Losne

BOYER, Auguste. — Engagé volontaire à 18 ans, disparu.

BOYER, Jules. — Caporal au 60ᵉ de ligne, blessé au bras à Saint-Privat le 18 août 1870, décédé des suites de l'amputation.

DERANSARD. — Mobile de la Côte-d'Or, décédé à Paris pendant le siège.

FLAVIN, Denis. — Mobile de la Côte-d'Or, décédé à Paris pendant le siége.

FLEUTELOT, Michel. — Mobile de la Côte-d'Or, décédé à Paris pendant le siége.

GUICHARD, Léon. — Tué au début de la campagne.

JAYER, Marius. — Mobile de la Côte-d'Or, décédé à Paris pendant le siége.

MARTIN, Auguste. — Soldat au 2ᵉ zouaves, disparu.

PIDARD, Philippe — Tambour au 38ᵉ de ligne, interné en Allemagne, blessé, décédé des suites de ses blessures.

POULET (dit DEQUET). — Mobilisé, décédé dans la province de Constantine (Algérie).

POURROT, Henri. — Caporal clairon au 10ᵉ bataillon de chasseurs à pied, tué à Forbach le 4 août 1870.

POURROT, Jules. — Soldat au 56ᵉ de ligne, tué au fort d'Issy, près Paris, enlevé par un obus dans une tranchée.

ROUSSELET, Alexandre. — Soldat au 2ᵉ régiment du train d'artillerie, décédé à Poitiers (Vienne) le 27 février 1871.

SAIRON, Jean-Pierre. — Soldat au 23ᵉ de ligne, décédé à Dijon le 23 décembre 1870, par suite de blessures.

VACHET, Louis. — Engagé volontaire, blessé, décédé dans ses foyers le 9 mars 1871. des suites de ses blessures.

VACHET, Victor. — Mobilisé. décédé dans la province de Constantine (Algérie).

Saint-Symphorien

BARBEY, Denis.

CHARTIER, Charles.

LACROIX, Denis

LÉVÊQUE, Pierre.

(pas de renseignements).

Saint-Usage

POULET, François. — Sergent-fourrier au 90e de marche, décédé le 6 avril 1871, au camp de Saint-Cloud.

VARIOT, Charles. — Mobile de la Côte-d'Or, décédé à Angoulême, le 24 avril 1871.

Trouhans

PERREUR, Auguste. — Soldat au 79e de ligne, décédé en janvier 1871, à Vierzon.

Canton de Seurre

Auvillars

GAUDOT. Louis. — Mobilisé, décédé à Milianah (Algérie),
le 1er février 1871.

RATEAU, Louis. — Mobilisé, décédé à Milianah (Algérie),
le 2 mars 1871.

Bagnot

RAGOIS, Claude-Bernard.—Sergent au 94e de ligne, décédé
à Metz, le 27 août 1870, d'une blessure à l'abdomen.

VERPILLET, Pierre. — Soldat au 4e régiment d'infanterie
de marine, disparu le 1er septembre 1870, à
Bazeilles (Ardennes).

Bonnencontre

BRESSANT, Jean-Baptiste. — Caporal mobilisé, décédé à
Milianah (Algérie), le 24 mars 1871.

VOISIN, Claude.—Sapeur au 2e régiment du génie, décédé
à Montpellier, le 9 novembre 1870.

Broin

BESANCENOT, Antoine. — Mobile de la Côte-d'Or, décédé
à Paris, le 23 janvier 1871.

BRUNET, Pierre-Emile. — Caporal mobilisé, décédé à
Milianah (Algérie), le 10 janvier 1871.

COCU, François. — Soldat de l'armée active, prisonnier,
décédé à Mayence (Allemagne).

Chivres

PAGE, François. — Soldat au 2e régiment du train d'artillerie, décédé à Bicêtre, le 4 janvier 1871.

Corberon

BACHELET, François. — Mobilisé, décédé à Fort-National (Algérie), le 16 juin 1871, d'une balle à la poitrine.

LARMONIER, Pierre.—Soldat au 2e régiment d'infanterie de marine, prisonnier de guerre, décédé à Coblentz (Allemagne), le 19 décembre 1870.

PERRIER. Pierre-Sylvestre.—Soldat au 2e régiment d'artillerie montée, décédé à Saint-Calais (Sarthe), le 2 décembre 1870.

POISELEY, Claude. — Soldat au 23e de ligne, décédé à Toulon, le 8 décembre 1870.

SAVOIE, Emile. — Mobile de la Côte-d'Or, décédé à Paris, pendant le siège.

Corgengoux

BERNISSET, Claude.— Mobilisé, tué à Fort-National (Algérie).

GAUTHEROT, Louis.—Soldat au 15e d'artillerie, prisonnier, décédé à Munich (Allemagne), le 21 janvier 1871, des suites de ses blessures.

GUILLOT, Joseph. — Soldat au 3e régiment du train des équipages, décédé à Sedan, le 1er septembre 1870, des suites de ses blessures.

JACQUINOT, Claude. — Soldat au 25e de ligne, prisonnier de guerre, décédé à Coblentz (Allemagne).

PETITJEAN, François. — Soldat au 3e régiment du train des équipages, décédé à Paris le 15 novembre 1870.

Glanon

GABUT, Joseph-Claude. — Mobilisé, décédé à Milianah (Algérie) le 20 janvier 1871.

Jallanges

LAMBERT, Léon.— Ancien militaire rappelé, soldat au 33e de ligne, décédé à Bagneux, près Paris, immédiatement après la Commune.

SARRON, Paul. — Mobile de la Côte-d'Or, rentré malade, décédé à Jallanges le 24 janvier 1871.

Labergement-les-Seurre

DÉMUT, Henri. — Soldat au 108ᵉ de ligne, décédé à Paris le 18 mars 1871.

FLEURY, Jean-Baptiste. — Soldat au 62ᵉ de ligne, prisonnier, décédé à la forteresse d'Ulm Schulerplozle (Allemagne), le 12 novembre 1870.

JACQUARD, Jean. — Mobilisé, décédé à Clermont-Ferrand le 1ᵉʳ novembre 1870.

Lanthes

LAINE, Antoine. — Maréchal-ferrant au 8ᵉ dragons, décédé en 1870 à Thionville.

Lechâtelet

PETITJEAN, Étienne-Auguste. — Soldat à la 6ᵉ compagnie d'ouvriers d'artillerie, décédé à Bourges.

Pagny-le-Château

BIGOT, Jean-Baptiste. — Soldat au 3ᵉ zouaves, tué à Beaune-la-Rolande (Loiret) le 28 novembre 1870.

Pagny-la-Ville

BERGEROT, Hippolyte. — Mobile de la Côte d'Or, tué à Dammartin (Jura) le 20 janvier 1871.

HENRY, Henri. — Mobile de la Côte-d'Or, décédé à Paris pendant le siége.

PETITJEAN, Barthélemy. — Soldat engagé volontaire au 23ᵉ de ligne, puis incorporé au 142ᵉ, décédé à Paris pendant le siége.

Seurre

BERGEROT, Claude. — Soldat au 27ᵉ de ligne, rentré malade et décédé à Seurre, en 1871, des suites de la campagne.

BEURDY, Bonaventure-Théodore. — Médecin-major de 1re classe, chevalier de la Légion d'honneur, décoré de la médaille d'Italie, tué sur le champ de bataille de Gravelotte, le 16 août 1870, au moment où il amputait un soldat allemand.

En 1849, il assista au siége de Rome; en 1851, il rentre à Paris; de 1854 à 1859, il est en Algérie; il fait la campagne d'Italie en 1859, il retourne en Algérie de 1860 à 1862 et était médecin en chef de l'ambulance du 2e corps d'armée, à Metz, lors de la déclaration de guerre.

Son nom a été donné à une salle des hôpitaux militaires de Bayonne et de Lyon.

CHAUMONT, Charles. — Sergent d'infanterie de marine, tué à la bataille de Sedan le 1er septembre 1870. Avait fait la campagne de Cochinchine, de 1864 à 1866.

FLAMANCHET, André. — Capitaine au 68e de ligne, décédé à Châlons sur Marne. Avait fait les campagnes d'Italie, du Mexique, d'Afrique, et était décoré de la valeur militaire d'Italie.

GIBAUX, Louis. — Mobile de la Côte-d'Or, décédé à Paris pendant le siége.

MALTÊTE, François-Émile. — Caporal au 55e de ligne, décédé à Targau (Allemagne), où il était interné, le 3 janvier 1871.

PARIS, Jean-Baptiste. — Soldat aux ouvriers d'administration, décédé à Paris pendant le siége.

PILLOT, Louis. — Mobile de la Côte-d'Or, décédé à Paris, pendant le siège, des suites d'une blessure grave à l'épaule.

PITOUX. Pierre. — Brigadier d'artillerie. décédé à Dolons (armée de la Loire).

SARRASIN, Louis. — Sergent-major aux Mobiles de la Côte-d'Or, tué au combat de Bagneux, près Paris, le 13 octobre 1870.

Tichey

ANDRÉ, Pierre. — Mobile de la Côte d'Or, décédé à Paris, le 18 janvier 1871.

Cette trop longue liste funèbre contenant les noms de 373 enfants de l'arrondissement qui payèrent de leur vie la défense de la Patrie, a été dressée, au moyen des renseignements fournis par les registres de l'état civil, ainsi que par les mairies, les familles, les amis et connaissances des défunts, à qui nous adressons nos remerciements.

Mais nous avons le regret de dire que nos appels réitérés pendant plus de trois mois, par la voie de la pressse, n'ont point été entendus partout.

Nous avons fait tous nos efforts pour qu'il n'y ait aucune omission : s'il en existe, elles ne sont imputables qu'à ceux qui, eu mesure de le faire, n'ont pas cru devoir nous renseigner.

Nous saluons, avec une profonde émotion, toutes ces nobles victimes du devoir que nous avons voulu ne point laisser oublier, et nous espérons que la publication de leurs noms et de leurs états de services sera bien accueillie par tous ceux qui ont le culte des morts pour la Patrie.

Beaune, le 27 septembre 1896.

Pour le Bureau Central de l'Association des Combattants de l'arrondissement de Beaune en 1870-71.

Le Président : DAVID.

www.ingramcontent.com/pod-product-compliance
Lightning Source LLC
Chambersburg PA
CBHW072020290326
41934CB00009BA/2144